ÉTICA
SOLIDARIEDADE E COMPLEXIDADE

Edgard de Assis Carvalho

Maria da Conceição de Almeida

Nelson Fiedler-Ferrara

Nelly Novaes Coelho

Edgar Morin

Palas Athena

Copidesque: Humberto Mariotti
Assessoria gráfica: Ademar Assaoka
Diagramação: Maria do Carmo de Oliveira

Dados Internacionais de Catalogação na Publicação (CIP)
(Câmara Brasileira do Livro, SP, Brasil)

E84

Ética, solidariedade e complexidade / Edgard de Assis Carvalho, Maria da Conceição de Almeida, Nelson Fiedler-Ferrara, Nelly Novaes Coelho, Edgar Morin. – São Paulo : Palas Athena, 1998.

ISBN 85-7242-025-8

1. Abordagem interdisciplinar do conhecimento. 2. Ciência e humanidades. 3. Ética. 4. Civilização moderna. 5. Complexidade (Filosofia). I. Carvalho, Edgard de Assis, 1939 - II. Título.

CDD-001

3ª edição - maio de 2013

Direitos de edição cedidos para a
PALAS ATHENA EDITORA
Alameda Lorena, 355 - Jardim Paulista
01424-001 - São Paulo, SP - Brasil
fone/fax: (11) 3266.6188
www.palasathena.org.br editora@palasathena.org.br

APRESENTAÇÃO

Os ideais de justiça, igualdade e fraternização parecem ser os objetivos planetários neste final de século. Esse horizonte, ainda distante, envolve virtude cívica, liberdade de opinião, cidadania geral irrestrita, direitos humanos e sociais inalienáveis, um conjunto orgânico de valores que religa pessoas, grupos e até mesmo intelectuais, identificados com a necessidade de uma refundação antropológica capaz de alterar percepções, maneiras de pensar, valores, e instaurar a síntese em lugar da análise, a cooperação em lugar da competição, a sabedoria intuitiva em lugar do conhecimento racionalizante, a conservação em lugar da expansão e o indeterminado em lugar do determinado e do causal.

Esse meta-ponto de vista implica que a complexidade seja entendida como uma modalidade de pensamento que investe na razão aberta e na polifonia das idéias. Investir nela implica situar-se na contramão da vigilância cognitiva e navegar no oceano das desordens, brechas e reorganizações, visando sempre a construção de uma política de civilização capaz de resgatar a multiplicidade/unidade do *Homo sapiens demens.*

Esta obra, *Ética, solidariedade e complexidade,* é fruto da mesa-redonda realizada em 6 de maio de 1998, pela Associação Palas Athena, no TUCA - Teatro da Universidade Católica de São Paulo (PUC), por ocasião da vinda de Edgar Morin ao Brasil, e que teve a coordenação do Prof. Edgard de Assis Carvalho.

SUMÁRIO

PREFÁCIO

Edgard de Assis Carvalho

Edgard de Assis Carvalho é professor do Departamento de Antropologia, Pós-Graduação e Graduação da PUC-SP, onde coordena um curso sobre Edgar Morin. Pertence à UNESP de Araraquara e desenvolve um Grupo de Estudos da Complexidade na Universidade Federal do Rio Grande do Norte, juntamente com a Profª Drª Maria da Conceição de Almeida. Desenvolve ainda um trabalho no CONDEPHAT e é autor de vários artigos.

A construção de uma ética para o futuro demandará um esforço de proporções incomensuráveis e reunirá todos aqueles que acreditam nas forças de conjunção, que solidarizam, fraternizam e universalizam. Será preciso certamente exercitar a futurologia, não entendida obviamente como uma forma de irracionalismo, mas como um modo de entendimento, uma ecologia cognitiva, se quisermos estabelecer um horizonte prospectivo para a vida, as idéias e a cultura planetárias, nesses tempos sombrios e unidimensionais de globalizações técnicas e ressurgimentos étnicos exterminadores.

Foi com acurada clarividência que Hans Jonas, em seu livro *Para uma ética do futuro,* afirmou serem necessárias duas tarefas preliminares a ser levadas a cabo por todos os humanos que ainda investem energia libidinal na boa utopia de um mundo menos antropocêntrico e mais ecocêntrico: a maximização do conhecimento das conseqüências de todos os nossos agires, dada a agonia planetária que acomete a todos nós; a elaboração de uma forma de conhecimento do Bem, certamente transdisciplinar, que fosse capaz de conjugar saberes fatuais e saberes axiomáticos. Para isso, a fabricação do real teria que se pautar pela combinação do intelecto e da emoção, da beleza e da verdade, do necessário e do contingente, da harmonia e do caos.

Essa modalidade renovada de consciência coletiva, destituída de qualquer intenção prometéica, seria saturada de complexidade, de *complexus*, ou seja, de agires e fazeres que rejuntariam tudo aquilo que a disjunção cartesiana fez no plano físico, metafísico e metapolítico. Qualquer sistema vivo passaria, então, a ser entendido como um sistema incompleto, indeterminado, irreversível, sempre marcado pela auto-organização que combina, descombina e recombina a ordem, a desordem, a reorganização.

Penso que as três últimas vindas de Edgar Morin ao Brasil têm sido animadas por esse oceano de idéias e atitudes. A cada ano, platéias cada vez mais numerosas vêm escutando suas palavras, admirando seu estilo, por vezes desconfiando de suas intenções. Mas sempre resta alguma reserva de complexidade, alguma ressonância mórfica que, a qualquer momento, poderá vir a se manifestar na teia geral da vida. Ideal seria que a ciência e a Universidade se deixassem contaminar também por essa visão de mundo. Mas, territorializado como está, o conhecimento ainda se nega a enfrentar o desafio, porque parece contente consigo mesmo, encastelado em seus espaços de vigilância, narcisismo e punição, obcecado por avaliações, verbas, siglas e prebendas. Ainda bem que há dissidentes, alguns já desterritorializados, que abdicaram de sua competência disciplinar, para transmitir a alunos, amigos e amantes uma forma mais dionisíaca de se entender a natureza e a cultura.

Em maio de 1998, a Associação Palas Athena, certamente imbuída pelos valores da complexidade, patrocinou a vinda de Edgar para uma série de atividades rubricada pelo título *Antropologia Complexa e a Ética do Futuro*. No TUCA, em vez de uma conferência magistral, optou-se por uma mesa-redonda, com a preocupação de que não fosse uma mera superposição de falas disciplinares tão a gosto de nossas desgastadas associações científicas. Precisava-se de algo mais polifônico, afetivo, prazeroso e poético que descortinasse uma ontologia do social e da ética, mas que fosse oriundo de territórios cognitivos diferenciados, como os da Literatura, da Antropologia e da Física. E é isso que este pequeno livro pretende trazer à luz com Nelly Novaes Coelho, da Universidade de São Paulo, Maria da Conceição de Almeida, da Universidade Federal do Rio Grande do Norte, coordenadora do primeiro grupo brasileiro de estudos da complexidade, o GRECOM, e com Nelson Fiedler-Ferrara, também da Universidade de São Paulo e, é claro, com Edgar Morin. Em seus textos estão postos o desafio, o descaminho, a utopia, a desordem, a compaixão, a beleza, o amor e o sonho de uma sabedoria fundada na ética da compreensão, do debate e da magnanimidade. Talvez, ali, naquela fria manhã invernal, Dostoievski estivesse animando a todos nós com as palavras de sua narrativa fantástica intitulada *O sonho de um homem ridículo,* de 1877. "Ama a humanidade como a ti mesmo! Isto é tudo e nada mais é preciso; saberás depois como hás de viver. E, além disso, só há uma verdade... uma verdade antiga, antiqüíssima, mas que é preciso repetir uma e mil vezes, e que até agora não se arraigou em nossos corações. O conhecimento da vida está acima da vida; o conhecimento da lei da felicidade está acima da própria felicidade... Eis aí aquilo contra que se deve lutar. E eu lutarei contra isso! Se todos quisessem, tudo mudaria sobre a terra num momento."

CUMPLICIDADE, COMPLEXIDADE, (COM)PAIXÃO

Maria da Conceição de Almeida

Maria da Conceição de Almeida é antropóloga, professora do terceiro ciclo em Ciências Sociais na Universidade Federal do Rio Grande do Norte e coordenadora de Pesquisa do Grupo de Estudos da Complexidade, desenvolvido nessa Universidade.

Paciência, tenacidade, partilha, compaixão, descomedimento, vigor, dor, alegria, coragem, excessos, solidão, incertezas e generosidades, talvez sejam, mais que palavras, sentimentos que juntos sussurram em coro às portas de nossa mente e de nossos corpos, em busca de uma ética da cumplicidade, da complexidade e da (com)paixão.

Trata-se de uma batalha com e contra as palavras; com e contra os conceitos; com e contra o pensamento, como instiga Edgar Morin: "A palavra não basta; o mundo não se reduz ao conceito; o pensamento não *ilha*".

Pensar uma ética da cumplicidade, da complexidade e da (com)paixão é deixar-se mover por uma estética do pensamento que abre mão dos limites confortáveis da ciência – reino último da palavra, para lançar-se na errância da criação, outra forma de dizer da condição humana. A obsessão pela predição e controle, que encarcerou as idéias de homem e de mundo em conceitos contaminados pela racionalidade fechada, abre-se hoje a uma nova e bem-vinda obsessão: a compreensão poética das coisas.

É oportuno lembrar que o sonho que vislumbrava as teorias científicas como cartas de alforria do pensamento, como estatuto de eternidade, como prontuário de unificação das interpretações e resolução para todos os problemas do planeta, acabou. Em seu lugar, um outro sonho pede passagem, pede assento, quer ser experimentado pelo ser do conhecimento e da cultura que somos nós. Esse sonho inclui a consciência da biodegradabilidade, da dispersão e da singularidade – atributos, ordens ou movimentos que impregnam todas as coisas e nos fazem lembrar que, também nós, somos simultaneamente destruição e criação, ordem/desordem. "A ciência não é um livro", é um processo de reciclagem, de diálogo, de troca entre o ser e o mundo. A idéia de sujeito do conhecimento deve ser reavaliada em favor de outras mais interativas, menos antropocêntricas e mais dialógicas. O que instituiu o ser do conhecimento como um sujeito que se apropria do mundo pelo pensamento foi, sem dúvida, uma racionalidade patológica, denominada por Edgar Morin de racionalização.

Distanciando-nos da razão fechada e da idéia de ética como código normativo para apropriação e dominação da natureza, poderemos dizer como Prigogine, numa alusão às cúspides (pequenos buracos cavados na rocha há cem mil anos) que "o que fazemos no mundo é marcar nossa presença, datar a pedra". Quer dizer, é imperativo imprimir nossas singularidades na cultura que nos foi legada e que precisa ser ampliada, atualizada, reformatada, sempre em sintonia com o mundo no qual vivemos, com as questões vitais que nos são postas.

É preciso repetir e trazer de volta a expressão "a arte de pensar" e dizer, como Deleuze, que o conceito de pássaro deve contemplar a beleza da plumagem para além da classificação da espécie (Deleuze: 1992). O pensamento é uma arte; o conhecimento que produzimos é uma tela que expressa nossas idéias; o ser do conhecimento, o cidadão do planeta Terra, é um artesão que bricola, de forma singularizante, os saberes à sua volta. Em outras palavras, trata-se de "pôr a vida nas idéias e as idéias na vida", como quer Edgar Morin.

A partir daí é possível transformar a ética numa estética da vida, desde que entendamos vida e pensamento como um "coletivo entre homens e coisas", conforme expressão de Pierre Lévy. A idéia de ética como estética da vida pressupõe, entre outras coisas, entender o homem como uma matéria desejante, o único ser que sonha acordado e é capaz de construir, não "o melhor dos mundos, mas um mundo melhor" (Morin). Requer também que deixemos de lado o sedentarismo das idéias e pratiquemos uma verdadeira "aeróbica dos neurônios", contaminada pelo sentimento de partilha com todos os seres do planeta.

Nômade, *flaneur*, caminhante, são atributos de um novo homem que quer correr o risco de pensar complexo, que quer abrir os braços para o abraço: abraçar.

Utopia? Talvez. Mas "uma utopia ao alcance da mão", como fala Lévy. E, quem sabe, possuídos pela imagem de Shiva que segura em uma mão um tambor, na outra uma tocha de fogo, poderemos olhar para nós mesmos e para o mundo pela ótica do pensamento complexo.

Pondo quase a totalidade de sua vida em favor dessa nova ética/estética do conhecimento, Edgar Morin tem provocado e acalentado o sonho por uma "ciência nova", menos arrogante e mais comprometida com os destinos da "Terra-pátria". As densas reflexões morinianas, longe de nos oferecerem os ansiolíticos da certeza que acalma o pensamento, nos convidam a acordar de um estado de sonolência povoado de racionalizações.

Não existem regras fixas, estradas sinalizadas, nem uma bússola para nos indicar o caminho. Haveremos de abrir a picada, ao caminhar. Saberemos fazer uso de nossas singularidades, de nossos sentidos, de nossa razão e de nossas paixões, para colocá-las à disposição de um projeto de sociedade mais justa. Um tal projeto é, ao mesmo tempo, solitário e coletivo, ético e estético, científico e político.

Às portas de um novo milênio, haveremos de nos metamorfosear na figura do "caminhante" de Antônio Machado e munir-nos de leveza, rapidez, exatidão, visibilidade e multiplicidade como ferramentas das quais precisamos, segundo Calvino, para entrar bem no próximo milênio.

Há que ser leve, sim. Há que exercitar um grande vôo "no dorso de um cavalo ou de um pássaro, sob a forma de pássaro, numa nave volante, num tapete voador, nas costas de um gigante ou de um gênio, no coche do diabo" (Propp, *apud* Calvino). Enquanto voamos, "um índio descerá de uma estrela... virá" (Caetano). É preciso considerar o mundo sob outra ótica, outra lógica, outro meio de conhecimento. Necessário se faz, por exemplo, buscar a paridade essencial que existe entre todas as coisas; dissolver as extremas hierarquias de poder e de valor; subsumir o destino do homem no destino de nosso planeta Terra. Ficar atento à provocativa imagem de Cyrano de Bergerac quando fala de uma "fraternidade entre os homens e as couves". Narrando o protesto de uma delas ao ser arrancada da terra, Bergerac deixa que fale o vegetal: "Homem, caro irmão, que te fiz para merecer a morte? (...) Levanto-me da terra, abro-me, estendo-te os braços, ofereço-te meus filhos na semente, e como recompensa de minha gentileza, me cortas a cabeça!" (Cyrano, *apud* Calvino).

Um tal protesto, que pelo recurso da narrativa literária está prenhe da riqueza maior que configura o campo das imagens, bem pode ser deslocado para homens e mulheres que tiveram, e ainda terão, suas vidas e suas liberdades extintas por uma história que, bem sabemos, poderia ter sido outra. Nesse acerto de contas, para empreender uma nova caminhada, haveremos de "reformar nosso pensamento". Esse é o desafio.

Tudo se passa como se estivéssemos na noite que antecede a uma grande viagem. Chegaremos ao século XXI com uma mala na mão. O que estará dentro da mala de cada um? Certamente o sentimento aguerrido de lutar por uma sociedade mais justa e menos perversa. Lembranças, sonhos, esperanças e projetos. Essa mala guarda também, nos cantinhos mais secretos, quem sabe no fundo falso de segurança, medos, incertezas, covardias, sonhos roubados.

Há muito mais coisas nessa mala, mas não quero esgotar todo o seu conteúdo. Como

Deleuze, resguardo, porque acredito na potência do segredo. Mas, se cabe a cada um completar a lista de seus pertences, cabe igualmente a todos o dever imperativo de fazer um balanço, cuidar da leveza, diminuir o peso – o século que se avizinha está próximo, mas ainda há muito chão pela frente... Abramos nossas malas. Retiremos de lá o que trava e dificulta o ideal de uma sociedade onde homens e mulheres sejam mais felizes. Coloquemos em seu lugar a coragem e a paixão, qualidades das quais teremos de lançar mão para transformar o mundo, "sem perder a ternura jamais" (Che).

Nossa mala contém o passado e o presente. Não os joguemos fora. Precisaremos deles nessa viagem "de volta ao futuro". Não são eles que pesam, mas é certo que teremos de metamorfoseá-los, desterritorializá-los, resignificá-los, lançar mão deles de forma criativa. "Converter o presente em presença" é o que sugere Otávio Paz. E, se para a Paz "os males que afligem as sociedades modernas são políticos e econômicos, mas também morais e intelectuais", haveremos de nos realimentar constantemente de "uma das grandes invenções humanas: o amor". "A pergunta sobre o lugar do amor no mundo atual é, ao mesmo tempo, iniludível e crucial. Escamoteá-la é, mais que uma deserção, uma mutilação" (Otávio Paz).

Uma ética da complexidade, da cumplicidade e da (com)paixão, requer que repensemos as idéias de prudência, temperança, despreendimento. Para Morin: "Prudência sim, mas isso não significa esterilizar nossas vidas? Temperança sim, mas será mesmo necessário evitar a experiência da consumação e do êxtase? Despreendimento sim, mas será mesmo necessário renunciar aos laços da amizade e do amor?"

Referências bibliográficas

WEBER, Renée. *Diálogos com cientistas e sábios: a busca da unidade.* São Paulo: Cultrix, 1996.

PAZ, Otávio. *A dupla chama: o amor e o erotismo.* São Paulo: Siciliano, 1994.

PRIGOGINE, Ilya. *In*: WEBER, R. *Diálogos com cientistas e sábios. Op. cit.*

CALVINO, Ítalo. *Seis propostas para o próximo milênio.* São Paulo: Companhia das Letras, 1990.

DELEUZE, G; GUATTARI, F. *O que é filosofia?* Rio de Janeiro: Editora 34, 1992.

SILVA, Juremir M. *Anjos da perdição: o futuro e presente na cultura brasileira.* Porto Alegre, Rio Grande do Sul: Sulina, 1996.

CIÊNCIA, ÉTICA E SOLIDARIEDADE

Nelson Fiedler-Ferrara

Nelson Fiedler-Ferrara é físico teórico, professor doutor do Instituto de Física da USP. Bacharel em Letras Modernas (italiano e português) pela Faculdade de Filosofia, Letras e Ciências Humanas da USP. Trabalha em teoria do Caos e Complexidade. Autor, com Carmen P. Cintra do Prado, do livro *Caos: uma introdução,* Prêmio Jabuti 95. Desenvolve trabalhos com o Pensamento Complexo de Edgar Morin.

> As três colunas sobre as quais se apoia a minha posição, ou seja, a autonomia, a responsabilidade, a possibilidade de escolha... Permitam-me concluir a minha comunicação com uma proposição que poderia servir de Imperativo Ético Construtivista: "Agirei sempre de modo a aumentar o número total de possibilidades de escolha". (*Heinz von Foerster*)

É um privilégio compartilhar destes momentos com o Professor Edgar Morin, esse artesão do pensar, esse escultor de formas no espaço das utopias, esse poeta semeando sonhos no jardim dos homens.

Nesta mesa-redonda busca-se refletir a respeito de quais seriam as bases de uma ética complexista. Essa ética, a meu ver, há de ser uma *ética solidária,* baseada na cooperação e na qualidade do que se produz, do que se vive e do que se pensa.

Vivemos um tempo de contradições. Se por um lado a técnica e as ciências produziram desenvolvimentos notáveis neste século, vive-se uma profunda crise ética. Faz-se necessária uma conjugação orgânica entre verdade, liberdade individual e justiça social.

Os homens que se preocupam com a ciência não estão imunes a essa crise. Competição – e não cooperação – e quantidade – e não qualidade – têm, infelizmente, sido a regra e não a exceção nos meios de produção intelectual.

Ao buscar transitar entre as ciências exatas e as ciências do homem, preocupam-me certas visões e posturas que, distorcidas sob o véu da fragmentação da superespecialização, vêem um fosso entre as ciências do homem e da natureza, ou então, no outro extremo, pretendem alcançar rigor e precisão, pelo uso inapropriado de conceitos de outras ciências e de pretensos paradigmas unificadores que não se justificam em domínios onde a imprecisão e a precisão devem dialogar para que a riqueza do objeto em estudo não seja perdida.

Para muitos, metáforas e analogias pertencem exclusivamente ao universo das humanidades. Nas exatas haveria essencialmente precisão, e as teorias satisfariam critérios de verdade absoluta e seriam, por via de regra, construídas em consonância com os fatos e os dados do mundo.

Sem dúvida, há uma enorme quantidade de situações nas quais os resultados obtidos por meio de modelos e teorias reproduzem com excelente precisão os experimentos realizados. Porém, isso nem sempre ocorre.

Restringindo-me às ciências exatas – particularmente à física – pretendo apresentar alguns exemplos de teorias onde estão presentes certas características que muitas vezes são imaginadas pertencer exclusivamente às ciências humanas. Considerarei três aspectos: a chamada subdeterminação das teorias pelos fatos ou dados, a inacessibilidade aos fatos ou dados e, finalmente, a questão das metáforas e analogias.

Fala-se em subdeterminação pelos fatos ou dados quando há várias teorias diferentes, não redundantes umas em relação às outras, que predizem – com a mesma exatidão – os fatos de observação. Nenhum procedimento experimental permite, nesse caso, diferenciar essas teorias. Apesar disso, os significados associados a cada uma delas, bem como as eventuais implicações de suas generalizações podem ser bastante diferentes. Esse fato é muito freqüente nas ciências humanas, particularmente em psicologia e lingüística. Quando isso ocorre, o valor de verdade torna-se relativo em relação a um critério de verdade absoluto, embora possa existir um valor de predição significativo relativamente a um grande número de fatos.

Nas ciências exatas podem-se citar muitos exemplos de subdeterminação das teorias pelos fatos. Um deles, talvez surpreendente para alguns, é a interpretação da mecânica quântica. Essa teoria é dotada de um algoritmo poderosíssimo – um procedimento para cálculo absolutamente não dúbio, e que fornece resultados concordantes, com alto grau de precisão, com a realidade expressa pelos experimentos. Contudo, há várias interpretações conceituais possíveis para a mecânica quântica, aparentemente consistentes com aspectos expressos pela realidade fenomenológica.

A mais utilizada e conhecida é a interpretação probabilística de Schrödinger, da chamada Escola de Copenhagen. Nessa interpretação, utilizam-se funções de onda que resultam da solução de uma equação – a equação de Schrödinger. Os valores de posição de uma partícula, velocidade, e outras grandezas de interesse são calculados apenas como valores médios, utilizando-se a função de onda e um procedimento matemático adequado. A equação de Schrödinger, mais esses procedimentos matemáticos, constituem o algoritmo a que nos referimos anteriormente. A função de onda ou, mais exatamente, o seu módulo ao quadrado, é interpretado como a probabilidade de encontrar a partícula numa dada região do espaço.

Heisenberg, um outro expoente da ciência deste século, desenvolveu uma representação alternativa para a mecânica quântica que utiliza uma álgebra de operadores, e não funções de onda; a interpretação probabilística é mantida nesse caso. Outras representações foram desenvolvidas, produzindo algoritmos também eficientes. Há, entretanto, outros trabalhos, onde, apesar de se utilizarem funções de onda e de se manter a interpretação probabilística – mantendo-se assim o algoritmo –, alteram-se pontos chave da visão da Escola de Copenhaguen, os quais não cabe aqui discutir dados os aspectos técnicos envolvidos. Há também propostas nas quais o papel do observador – central na mecânica quântica de Schrödinger – não está presente, sendo substituído pela interação do sistema com o meio. Há mesmo uma linha de trabalho – a eletrodinâmica estocástica – onde são propostas interpretações conceituais alternativas para fenômenos tradicionalmente tratados utilizando-se a teoria quântica. Recuperam-se alguns dos resultados quânticos utilizando-se física clássica mais um termo aleatório representando a radiação de fundo de três Kelvin, espécie de fóssil da grande explosão inicial (*big-bang*). Entretanto, os resultados fornecidos pela eletrodinâmica estocástica são ainda bastante preliminares, e a teoria encontra-se em desenvolvimento.

De uma maneira geral, não há, até o momento, evidências experimentais que permitam decidir entre uma ou outra interpretação da teoria quântica, ou mesmo, concluir-se pela absoluta impossibilidade de um formalismo alternativo à mecânica quântica consistente com os experimentos. Preserva-se, entretanto, o algoritmo que, conforme afirmamos, é muito eficiente, operacional e correto. Assim, há de se ter cautela em não se generalizar a mecânica quântica em outros domínios para se chegar a conclusões com sentido de verdade absoluta, principalmente quando o que se afirma não é passível de verificação experimental.

Um outro exemplo de subdeterminação pelos fatos é dado no âmbito do pensamento da complexidade quando se busca fornecer uma medida sistêmica para complexidade. Há dezenas de definições, todas operacionais, para classes específicas de sistemas, e não redundantes umas em relação às outras, na maior parte das vezes.

Complexidade pode ser medida como número de elementos, correspondendo ao número mínimo de elementos para se realizar uma tarefa, não se levando em conta quão intrincadas são as interconexões entre os componentes. Outras definições tratam complexidade como quantidade de retroalimentação, levando-se em conta não somente o número de conexões, mas também a quantidade de conexões de retroalimentação do sistema. Em algumas propostas, complexidade é tratada como heterogeneidade, sendo função do número de tipos de elementos do sistema, por exemplo, número de espécies em um ecossistema. Em outras, complexidade é considerada como dificuldade de descrição, como informação que nos falta a respeito de um sistema para a sua compreensão completa. Complexidade é também medida como "complicação", no sentido do número de etapas necessárias para descrever um sistema. Nessa categoria pode-se falar em complexidade computacional, isto é, a dificuldade intrínseca de um problema, medida, por exemplo, pelo tempo (ou tamanho do código binário) requerido para a sua resolução pelo melhor algoritmo. Em algumas definições, complexidade é uma medida de quão difícil é juntar partes de um sistema, não sendo propriedade do objeto, mas do processo para compor o objeto. Complexidade pode ser tratada como não coincidência descritiva. Nesse caso, um sistema pode ser descrito por meio de diferentes decomposições em subsistemas. Se tais decomposições não tiverem fronteiras que coincidam espacialmente, o sistema é descritivamente complexo; se coincidirem, o sistema é descritivamente simples. Quando a decomposição é feita segundo as relações causais, obtém-se complexidade interacional. Algumas definições propõem que a complexidade não tem um valor absoluto, mas relativo, o qual depende da escolha do nível de definição ou das dimensões mínimas dos elementos constitutivos. A escolha desse nível é influenciada, além do julgamento subjetivo, por aspectos objetivos como níveis de interação, relações lógicas ou organizacionais ou outros. Pode-se, então, estimar complexidade, segundo essa definição, a partir de quatro atributos: numerosidade (número total de componentes elementares), variedade (número de tipos diferentes de sistemas elementares), tipos de componentes e organização. Complexidade é, assim, sempre uma qualidade subjetiva e relativa: sua estimativa depende das finalidades do observador, que pode ser qualquer sistema interno ou externo.

A subdeterminação pelos fatos, no caso da definição de uma medida sistêmica para complexidade, se deve principalmente à variedade de situações e tipicidades presentes na fenomenologia dos sistemas ditos complexos que se pretende descrever. É bastante provável que não se poderá dispor de uma única definição aplicável às várias situações presentes na natureza. Apesar disso, é possível desenvolverem-se métodos adequados para o tratamento analítico ou computacional desses sistemas na construção de modelos que muitas vezes reproduzem bastante bem os resultados experimentais.

A constatação da subdeterminação das teorias pelos fatos ou dados não é nova. Deve-se assinalar que, já no começo do século, alguns notáveis cientistas, entre eles Henri Poincaré, defendiam a idéia do relativismo como benéfico para o desenvolvimento científico.

O segundo aspecto que pretendo considerar – a inacessibilidade dos fatos ou dados – está bastante presente nas ciências do homem. Pense-se nas dificuldades encontradas em psicologia, em sociologia ou em educação. Dois exemplos ilustram de maneira inquestionável esse fato em física. Exemplos também surpreendentes.

O primeiro diz respeito às teorias de grande unificação, particularmente as chamadas teorias de cordas, área de pesquisa teórica onde têm sido publicados milhares de artigos nas últimas décadas. Essas teorias tratam de fenômenos que ocorreriam em energias da ordem de um quatrilhão a dez quinquilhões de unidades de energia. Contudo, os dispositivos para ensaio experimental disponíveis não permitem verificação além de mil unidades da mesma energia. Assim, tratam-se de teorias que têm sido desenvolvidas sem que os fenômenos previstos possam ser acessados experimentalmente e os resultados verificados.

Um outro exemplo ilustrativo da inacessibilidade dos dados vem da teoria do caos determinístico. Um problema importante nessa área de pesquisa é o da caracterização de sinais experimentais que apresentam comportamento caótico. Numa situação experimental típica, monitora-se apenas uma variável em função do tempo; sabe-se, porém, de antemão, que estão envolvidas outras variáveis. Por exemplo, podemos medir a pressão em um sistema como função do tempo. Contudo, sabemos, dadas as particularidades desse sistema, que a pressão depende também de outras variáveis como a densidade do material, a sua temperatura, a sua condutividade elétrica e outras. Essa limitação pode, em princípio, ser superada utilizando-se um procedimento matemático denominado reconstrução do atrator. Com efeito, em sistemas caóticos determinísticos, a evolução temporal para tempos longos é representada por um objeto matemático denominado atrator, cuja estrutura topológica apresenta características de auto-similaridade. Faço-me mais claro. No espaço abstrato dos parâmetros necessários para representar completamente o sistema e a sua evolução (no caso do exemplo da pressão, esse espaço teria como eixos: tempo, densidade, temperatura, condutividade etc.), a trajetória do sistema (sua história) para tempos longos é representada por um objeto – chamado atrator – de dimensão não inteira (dimensão fractal) que apresenta essa característica de auto-similaridade, isto é, de repetir-se a si mesmo à medida que é ampliado.

Tal objeto se denomina um fractal, e esses atratores, quando associados a sistemas que apresentam comportamento caótico, chamam-se atratores estranhos. Ao se conhecer e estudar o atrator de um sistema, pode-se compreender e quantificar muito do seu comportamento, obtendo-se informações sobre as suas propriedades como um todo.

O procedimento de reconstrução do atrator é baseado num teorema matemático – o teorema de Takens – que é rigorosamente demonstrado para um número infinito de dados experimentais, na ausência de qualquer forma de ruído (mesmo ruído eletrônico do aparelho de medida), e para comportamento errático (caótico) apenas no tempo, e não no espaço. Essas condições não são satisfeitas nos experimentos; as séries temporais disponíveis são, em geral, de poucos milhares de pontos, há ruído eletrônico e outras perturbações do meio circundante presentes, e, na maior parte dos casos, analisam-se sinais com comportamento turbulento, isto é, comportamento errático no espaço e no tempo. Assim, ao se utilizar a reconstrução do atrator, não há absolutamente garantia de se estar analisando algo que tenha qualquer relação com o mundo real. Mais que isso, as análises que se fazem dos atratores partem do princípio que esses atratores existem, o que, diga-se de passagem, não é também possível demonstrar-se com rigor matemático. Contudo, esse procedimento é a única maneira de se tratar séries temporais de uma única variável.

O terceiro aspecto – a ocorrência de metáforas e analogias – tão presente nas ciências humanas, particularmente nas reflexões sobre a arte, ocorre também nas ciências ditas exatas. Os exemplos seriam muitos. Restrinjo-me novamente ao uso da teoria do caos determinístico quando aplicada a situações que são claramente de turbulência. Conforme foi dito antes, caos determinístico é caracterizado por comportamento errático apenas no tempo; turbulência é caracterizada por caos espaço-temporal e um grande número de variáveis significativas (graus de liberdade) envolvidas. Em geral, a teoria do caos determinístico está bem desenvolvida (em particular a noção de atrator, e os procedimentos para caracterização de caos) para poucos graus de liberdade. Ora, não há nada que justifique o uso da teoria do caos e seus métodos a situações de turbulência, senão testarem-se limites das teorias. Entretanto, muitas vezes, essas analogias e metáforas são levadas longe demais, fornecendo conclusões absolutamente incorretas ou duvidosas. O mesmo se pode dizer da utilização da teoria do caos em sistemas cuja dinâmica evolui com o tempo, ou nos quais interferem crises ou mudanças bruscas, como é o caso, por exemplo, da economia e da sociologia. Esses resultados devem ser vistos com absoluta cautela.

Espero ter ilustrado, por meio desses poucos exemplos, o quanto as ciências exatas e as ciências do homem podem compartilhar aspectos, sejam de caráter limitativo, sejam revelando potencialidades. Não me parece correto imaginar-se que se está sendo automaticamente "científico" ao se utilizarem métodos e conceitos das ciências exatas em humanidades. Fazê-lo, é verdade, pode enriquecer bastante a análise que se pretende, revelando novas nuanças e métodos de abordagem, mas a pertinência e conseqüências positivas dessa utilização devem ser demonstradas. Nesse momento se estará sendo rigoroso.

No desafio da construção de uma Ciência Nova – transdisciplinar – haveremos de ser artesãos. O artesão dá forma transitando continuamente entre a forma e a não-forma – dialogicamente.

Como intelectuais à procura de um mundo em equilíbrio, devemos buscar superar a cisão que a classe dominante fez entre progresso e desenvolvimento, entendendo esse último como altos índices de rendimento dos fatores de produção, isto é, os recursos naturais, o capital e o trabalho. Por progresso deve-se entender o uso ético dos resultados do trabalho no sentido de acumular aquisições materiais e de conhecimentos objetivos capazes de transformar a vida social, e de conferir-lhe maior significado e alcance no contexto da experiência humana. Desenvolvimento sem progresso é barbárie. O desafio é, num primeiro momento, tomar consciência da dissociação entre progresso e desenvolvimento, para em seguida buscar maneiras de superar essa cisão. A responsabilidade daqueles que fazem ciência nesse sentido é enorme.

Desenvolvimento com progresso só se faz quando princípios éticos guiam primordialmente as relações humanas, em particular o trabalho intelectual. Ao cidadão cabe cobrar daqueles que fazem ciência esses princípios, mas isso obriga-o também à adoção de atitudes igualmente éticas no sentido de uma sociedade justa. Nosso olhar sobre o mundo deve ser de totalidade, de abertura, de leveza, de clareza, de flexibilidade e de sensibilidade. Apenas uma ética solidária – cooperativa e baseada numa intenção de qualidade do que se pensa e se faz – pode permitir a superação dos dilemas nos quais estamos mergulhados.

TERNURA, COMPAIXÃO E SOLIDARIEDADE

Nelly Novaes Coelho

Nelly Novaes Coelho é professora de Literatura em Língua Portuguesa na Pós-Graduação da USP. Crítica literária, criadora da cadeira de Literatura Infanto-Juvenil no Brasil, autora de vários livros na área de Literatura e Educação, desenvolve há anos um trabalho de Educação junto aos especialistas na linha da Complexidade. Seu trabalho com literatura em geral adota o Pensamento Complexo.

Sinto-me imensamente honrada por estar participando desta mesa-redonda, ao lado de companheiros que tanto vêm contribuindo para o progresso dos estudos em suas áreas específicas. E, evidentemente, pela oportunidade de estar ao lado de Edgar Morin, um "onívoro cultural" (como ele mesmo se define), sem dúvida uma das personalidades mais humanas, mais lúcidas, criativas e corajosas do mundo intelectual contemporâneo. Ou melhor, do mundo intelectual empenhado em interrogar o nosso tempo e não apenas em acumular informações ou reconhecimento. Para todos nós, que acompanhamos na medida do possível o fervilhante movimento de idéias do nosso tempo, Edgar Morin já é um mito. Como o são Bachelard, Barthes, Octavio Paz, Heidegger, Husserl, Sartre, Camus, Benjamin,

Adorno e outros e outros, bem diferentes entre si, mas que igualmente empenharam (ou empenham) suas vidas, na tentativa de abrir novos caminhos para um novo conhecimento da aventura humana nestes nossos tempos de transformações profundas, que prenunciam a Nova Era já em gestação...

Esse é o milagre do livro, da leitura que permite que a gente conviva com pessoas "iluminadoras" que nos enriquecem a vida, e nos afeiçoemos a elas como companheiros de jornada, sem que cheguemos a conhecê-las pessoalmente. Nem importa que ainda estejam "vivos", participando desta aventura terrestre, ou que já tenham partido, pois a comunhão que se estabelece entre os habitantes do mundo da cultura, das idéias, da literatura, da filosofia, do pensamento, não conhece barreiras no tempo nem no espaço. Nem depende do convívio pessoal, concreto. No meu "mundo", Morin é a presença iluminadora, há já trinta anos. Daí a previsível emoção de estarmos em sua presença.

Comecemos por falar do nosso primeiro encontro "iluminador" com sua obra. Foi em 1967, com *O espírito do tempo - A cultura de massa no século XX*, da coleção "Culturas em Debate". Nessa época, eu já iniciara a carreira docente na Universidade de São Paulo, e era crítica literária do Suplemento Literário do *Estadão*, de saudosa lembrança, dirigido por Décio de Almeida Prado que, generosamente, nos abria espaço, acolhendo artigos que poderiam ocupar página inteira ou duas páginas. Hoje, para a literatura, a imprensa pede em geral 40 linhas, como se fosse possível servir de "ponte" entre o livro e o leitor em tão pouco espaço.

Naqueles anos 60, de grandes perplexidades e questionamentos, eu estava ainda em busca do método "ideal" para penetrar na verdade de cada obra... e oscilava entre os diferentes métodos que os cursos da faculdade haviam proposto como possíveis: o enfoque histórico-determinista (Taine), que interpretava a obra literária como produto natural ("como o açúcar ou o vitríolo"), resultante das relações entre "raça, meio e momento"; o enfoque estético-historicista, que procurava entender o "estilo" como influenciado pelo "momento histórico" em que é criado; o método estilístico (ou formalista), via França, com a *explication du texte;* via Espanha, com a estilística de Damaso Alonso ou via Estados Unidos, com o New Criticism; o biográfico (explicação da obra, via autor); e outros. Todos eles, entretanto, se impunham em compartimentos estanques, cada qual se desenvolvendo num determinado espaço. Daí que minha antiga compreensão da obra literária, como um todo, me impedisse de adotar qualquer deles isoladamente. Eu tentava uma combinação deles, sempre em função daquilo que a obra sugeria à minha intuição. Acabei tendendo para um enfoque estético-histórico-temático-humanista que rotulei provisoriamente de "método culturalista", porque buscava na obra não só as coordenadas de idéias, de visão-de-mundo ali patentes ou latentes, mas também os recursos narrativos, estruturais ou estilísticos que revelassem a direção do espírito do autor. Eu vinha de descobrir a literatura existencialista de um Sartre, um Camus, ao mesmo tempo em que descobria Clarice Lispector e Vergílio Ferreira. E, principalmente, estava empenhada em compreender a complexidade da literatura contemporânea de

Portugal (minha área oficial de trabalho na USP) e do Brasil (obviamente, por ser brasileira). O contemporâneo me fascinava (e fascina...) porque afinal se tratava de descobrir o meu tempo, o momento que me cumpria viver...

Foi, pois, em meio a essa busca de compreensão da "desordem" e das ambigüidades expressas pela literatura contemporânea, que li *O espírito do tempo* de Edgar Morin... e o cenário contemporâneo se "iluminou" à minha frente, revelando-me ângulos ou facetas que eu ainda não vira realmente. Essa iluminação abriu novas perspectivas de análise que, ainda hoje, estão em transformação, porque o mundo não pára de se transformar aos nossos olhos.

Enfim, o que mais me interessa destacar aqui é a força quase mágica da palavra reveladora, como a de Edgar Morin. Ao ler *O espírito do tempo*, fenômenos banais do meu dia-a-dia (o cinema, o rádio, imprensa, publicidade, televisão...) que eu apenas olhava sem ver realmente, de repente adquiriram uma presença fantástica. Passei a ver a "cultura de massa" que domina o espaço em que vivemos, como uma espécie de gigantesca e contraditória síntese da vida moderna. A partir daí, Edgar Morin passou a fazer parte do meu panteão particular de "monstros sagrados", que me ajudam a descobrir o mundo à minha volta e também a mim mesma. Descobri que estamos vivendo o fenômeno que Morin chama de segunda industrialização: a que se processa nas imagens e nos sonhos, por meio do cinema, da imprensa, e que resulta numa segunda colonização. Já agora, não de povos submetidos ao poder de invasores de suas terras, mas da alma. Diz ele:

> A segunda colonização, não mais horizontal, mas desta vez vertical, penetra na grande reserva que é a alma humana. A alma é a nova África que começa a agitar os circuitos dos cinemas. Um prodigioso sistema nervoso se constituiu no grande corpo planetário: as palavras e imagens saíam aos borbotões dos teletipos, das rotativas, das películas, das fitas magnéticas, das antenas de rádio e de televisão; tudo que roda, navega, voa, transporta jornais e revistas; não há uma molécula de ar que não vibre com as mensagens que um aparelho ou um gesto tornam logo audíveis e visíveis.

> A segunda industrialização, que passa a ser a industrialização do espírito, a segunda colonização, que passa a dizer respeito à alma, progridem no decorrer do século 20.

A partir daqui, Morin elabora uma análise arguta e minuciosa da cultura, invadindo praticamente todos os domínios do conhecimento desvendando, com clareza, objetividade, as grandes contradições que se conjugam no fabuloso progresso, em contínuo processo no nosso século. A técnica invadindo o domínio interior do homem e aí derramando "mercadorias culturais", como nunca antes havia acontecido na história do homem.

Diz ele:

> Nunca os murmúrios do mundo – antigamente suspiros de fantasmas, cochichos de fadas, anões e duendes, palavras de gênios e de deuses, hoje em dia música, palavras, filmes levados através de ondas – haviam sido ao mesmo tempo fabricados industrialmente e vendidos comercialmente. [...] Os problemas colocados por essa estranha noosfera que flutua na corrente da civilização, se encontram entre os

> terceiros problemas que emergem no meio do século 20. Estes passam rapidamente da periferia para o centro das interrogações contemporâneas. Não se deixam reduzir às respostas já prontas. Só podem ser levantados por um pensamento em movimento.

Enfim, o livro todo levou-me à descoberta iluminadora que me preparou para compreender melhor outras leituras que viriam depois (como a de Benjamin...), e que me levaram a abrir novos caminhos para a compreensão que eu buscava ter da literatura contemporânea com a qual até hoje meço forças, sem conseguir dominá-la por completo (se é que é possível dominarmos um "pensamento em movimento").

Outras leituras de Morin se seguiram com largos espaços de tempo entre elas. Lembro apenas de *O paradigma perdido - A natureza humana*, que descobri em Portugal, em 1975, e que me iluminou recantos da natureza humana, por ângulos que ainda não havia descoberto, permitindo que eu me aprofundasse cada vez mais na problemática complexa que a poesia e a ficção contemporânea me propunham.

Para não me alongar demasiado, falemos do encontro mais recente. Agora, já não se trata tanto de leitura "fecundante", como a desses primeiros textos, mas o contato gratificante e emocionado que se deu com o recente *Meus demônios* (1997) – leitura fascinante que aqui vai nos importar apenas num aspecto: a identidade de experiência vivida na infância e na adolescência – a experiência que decorreu da descoberta da literatura. Sem dúvida, uma "identidade" que resulta do que podemos chamar de "marca de geração". Referimo-nos ao fato de que, embora estejamos separados por abissais diferenças (de nacionalidade, circunstâncias de vida, cultura, sexo etc.) pertencemos ambos a uma geração que se formou pela leitura, uma geração que por meio dos livros e da grande literatura descobriu o Mundo, a Vida que vale a pena ser vivida, anterior à explosão dos meios de comunicação de massa. Poderia fazer minhas as palavras de Morin, quando diz: "Pelo romance e pelo livro, cheguei ao mundo" (p. 20).

Pareceu-me importante trazer aqui este testemunho de identidade interior entre pessoas tão distantes entre si (uma professora brasileira e um alto intelectual francês), porque ele pode servir de alerta aos que ainda não se deixaram arrastar pela paixão da leitura e levá-los a descobrir o importante papel que a literatura pode desempenhar em suas vidas. E também para aqueles que já foram por ela arrastados, por verem confirmado o valor de tal comunhão com a Palavra. Em alguns trechos de sua obra, fica mais evidente, não só a invulgar personalidade de Edgar Morin, mas também a importância do espaço que a literatura pode ocupar no espírito humano. Falando de sua adolescência (nos anos 30/40), diz:

> ... como eu não dispunha previamente de uma cultura-verdade, partia com um ardor insaciável, através da literatura, para uma vida imaginária, onde encontrei as verdades de minha vida concreta.
>
> Depois dos romances para jovens e de aventuras históricas ou exóticas, vou – a partir dos 13 ou 14 anos, na adolescência, quando as leituras podem marcar profunda e intensamente o ser humano – descobrir os livros que vão ser mais importantes em minha vida. Um livro importante revela-nos uma verdade ignorada,

> escondida, profunda e ainda sem forma, que trazemos em nós, e causa-nos duplo encantamento, o da descoberta de nossa própria verdade na descoberta de uma verdade exterior a nós, e o da descoberta de nós mesmos em personagens diferentes de nós. (p. 19)

E mais adiante, reitera:

> Até uma certa idade, a literatura prepara-nos para a vida. Ela canaliza o movimento entre o real e o imaginário. Aleita nossos tropismos afetivos. No final da infância nos dota de uma alma... Ela propõe moldes sobre os quais se vestirão nossas tendências individuais, e este vestir, sejam roupas sob medida, sejam de confecção, dará forma à nossa personalidade. Ela nos oferece antenas para entrar no mundo. Não quero dizer que ela nos adapta a este mundo; ao contrário, seus fermentos de rejeição e de inadaptação, seu caráter profundamente adolescente contradizem este mundo. Mas contradizem-no dando-nos acesso a ele. (p. 20)

Morin sempre discorre com paixão sobre os grandes livros que lhe serviram de caminho (muitos dos quais também a mim descobriram o mundo): *Jean-Christophe* de Romain Rolland; *A condição humana* de André Malraux; Balzac e, principalmente, os russos: *A ressurreição* de Tolstoi e o maior de todos, Dostoievski.

> .... Aquele que, para mim, permanece o mais revelador, o mais presente, o mais íntimo é Dostoievski. Ninguém revelou de tal forma, ao mesmo tempo, o sentido do sofrimento, da tragédia, do escárnio, do delírio propriamente humano. Descobri-o em *Crime e castigo* e esta leitura fulgurante marcou mais profundamente minhas idéias. (p. 21)

Não por acaso, também foi com *Crime e castigo* que descobri esse genial russo, um dos grandes mestres do romance universal, e aprendi a verdadeira dimensão da ternura, da compaixão pelos que sofrem, da autêntica solidariedade humana e, principalmente, a possível alegria que pode surgir da dor.

Claro que houve grandes diferenças entre minhas leituras de iniciação à vida e as de Morin; muitos dos autores que lhe foram importantes, não cheguei a conhecer. Mas achei curioso que ele não mencionasse, por exemplo, o *Dom Quixote* de Cervantes – a grande alegoria da condição humana – que descobri aos 11 anos – minha primeira paixão fraternal – que despertou em mim um forte sentimento de solidariedade em que se misturava a admiração e a compaixão... e à qual continuo fiel até hoje...

Ao refletirmos sobre estas memórias escritas por Edgar Morin e, principalmente, sobre suas leituras de iniciação, chegamos à conclusão de que nestas já estavam em germe as três idéias-chave que servem de tema a esta mesa-redonda: Ética, Solidariedade e Complexidade.

A *Ética interior* (não de fora para dentro, mas de dentro para fora) como compreensão do mundo, como direção do espírito.

A *Solidariedade*, não só como pensamento abstrato, mas sim referida à concretude das relações que ligam efetivamente os seres humanos uns aos outros, porque todos nós procedemos de um tronco comum: o *Anthropos*.

A *Complexidade*, como visão abrangente da Vida do Homem, do Mundo, em suas diferenças, semelhanças e contradições, que se interpenetram e interagem entre si de maneira invisível, mas profunda.

Obrigada.

A ÉTICA DO SUJEITO RESPONSÁVEL[1]

Edgar Morin

Edgar Morin é Diretor Emérito do *Centre National de la Recherche Scientifique,* co-diretor do *Centre D'Études Transdisciplinaires* e Presidente fundador da *Association pour la Pensée Complexe* – com 87 institutos e universidades associadas no mundo todo. O Prof. Morin é indiscutivelmente um dos pensadores mais fecundos e controvertidos da atualidade. Suas obras, mais de sessenta, já foram publicadas e traduzidas na maioria das línguas ocidentais.

Nossas finalidades não nos são impostas, no sentido que, nas nossas sociedades individualistas, a ética não se impõe imperativamente nem universalmente a cada cidadão; cada um terá de escolher por si mesmo os seus valores e ideais, isto é, praticar a auto-ética. Estas finalidades podem ser particulares, voltadas a uma única pátria, a uma pessoa querida. Hoje, um grande número de nós vive sob a influência das grandes religiões universalistas como o budismo, o cristianismo, o islamismo. A mensagem fraternalista dessas religiões foi laicizada e endossada pela Revolução Francesa, depois amplificada e universalizada pelo socialismo. A fraternidade e a compaixão foram incessantemente desmentidas pelas práticas cometidas em nome dessas religiões e do socialismo, mas permanecem o fundo subjacente do qual podemos retirar e eleger nossas finalidades.

Eleger nossas finalidades, implica integrálas profundamente em nossos espíritos e almas, jamais esquecê-las, jamais renunciar a elas, mesmo se perdermos a esperança de constatar sua realização.

Elas encontram-se primeiramente inscritas na trindade "Liberdade, Igualdade, Fraternidade", sabendo-se que, entre esses três termos existe sempre não apenas complementaridade, mas também antagonismo, e que assumir a complexidade trinitária implica assumir uma estratégia complexa.

A finalidade principal da trindade se realiza na fraternidade. Ela é simultaneamente meio e fim. Tem um significado antropológico universal. Civilizar a terra é uma finalidade inseparável da precedente.

O desafio

Sabemos que nossas finalidades não vão inevitavelmente triunfar, e que a marcha da história não é moral. Devemos visualizar seu insucesso possível e até mesmo provável. Justamente porque a incerteza sobre o real é fundamental, é que somos conduzidos a lutar por nossas finalidades. A ecologia da ação não nos convida à inação, mas ao desafio que reconhece seus riscos, e à estratégia que permite modificar a ação empreendida.

A ESTRATÉGIA

O maniqueísmo da ação política pode ser constatado apenas em seus escalões mais inferiores e tem por efeito camuflar o aleatório e a incerteza da ação.

O problema consiste em evitar o realismo trivial (adaptar-se ao imediato) e o irrealismo trivial (subtrair-se às constrições da realidade). O importante é ser realista no sentido complexo do termo (compreender a incerteza do real, saber que há o possível, mesmo que ainda esteja invisível no real), o que freqüentemente pode parecer irrealista. A incerteza do real pode ensejar tanto o idealismo ético (agir de acordo com suas finalidades e ideais) como o realismo estratégico.

Como na terrificante contenda de Jacó com o Anjo, tal como foi simbolizada no quadro de Delacroix, a estratégia luta contra o real, acabando por copular com ele.

A estratégia elabora um cenário de ação que examina as certezas e incertezas da situação, as probabilidades e as improbabilidades. Na prática, ela se constrói mostrando-se disponível a todas as modificações em função das informações que recebe, dos acasos, contratempos ou boas novidades que reencontra. A estratégia deve ora privilegiar a prudência, ora a audácia e, se possível, as duas simultaneamente. Ela pode e deve, freqüentemente, efetuar compromissos. Mas até que ponto? Não há uma resposta geral para essa questão, mas qualquer desafio quase sempre contém um risco, seja o da intransigência, que pode conduzir à derrota, ou o da transigência que pode levar à abdicação. De modo singular, e em função do contexto e de seu próprio desenvolvimento, é na estratégia que se coloca o problema da dialógica entre fins e meios, entre a *realpolitik* e a *idealpolitik*.

Idéias-guia

Uma ética política que se pretenda verdadeiramente humana supõe primordialmente a restauração do sujeito responsável. Lembremos que a eliminação do sujeito por uma elite científica e intelectual foi o delírio de uma subjetividade que se ignorava a si própria. A restauração do sujeito é uma pré-condição para o conhecimento objetivo (um conhecimento que ignorasse o sujeito do conhecimento não saberia ser objetivo, e isso porque ignoraria o fato que não pode haver conhecimento objetivo sem um sujeito que o opere para atingir a objetividade). A restauração do sujeito comporta a exigência do auto-exame, a consciência da responsabilidade pessoal, e o encargo autônomo da ética (auto-ética).

O problema da responsabilidade deve ser colocado em termos complexos. De um lado, cada um deve reconhecer-se responsável por suas palavras, por seus escritos, por seus atos. De outro, tomando como base a ecologia da ação, ninguém é responsável pelo modo como suas palavras são entendidas, como seus escritos são compreendidos, como seus atos são mal interpretados, distorcidos. Cada um, em suma, é 100% responsável e 100% irresponsável. Há uma outra responsabilidade, que é oriunda de nossa comunidade de destino planetário. E ela que sempre relembra nossa parcela de responsabilidade nesse destino comum, e não somente no que diz respeito ao presente, mas também ao futuro, como apontou Hans Jonas. Aqui ainda devemos nos sentir responsáveis – como se a luta por inteiro dependesse unicamente de nós –, mas também não-responsáveis por todas as barbáries cometidas por inconsciência ou vilania. A ética política deve conter algumas idéias-guia em suas formulações mais prioritárias:

1. *A ética da religação*

A noção de religação engloba tudo aquilo que faz comunicar, associar, solidarizar, fraternizar; ela se opõe a tudo o que fragmenta, desloca, disjunta (corta qualquer comunicação), reduz (ignorância do outro, do vizinho, do humano, egocentrismo, etnocentrismo). A religação deve ser concebida como a religião do que religa, fazendo frente à barbárie que divide (o diabo, *diabolus,* sendo o divisor).

2. *A ética do debate*

A regra do debate é inerente às instituições filosófica, científica e democrática. A ética do debate vai mais longe ainda: exige a primazia da argumentação e a rejeição da anatematização. Longe de descartar a polêmica, ela a utiliza, mas rejeita todos os meios vis, todos os julgamentos de autoridade, assim como quaisquer tipos de rejeições pelo desprezo, quaisquer insultos sobre as pessoas.

3. *A ética da compreensão*

A compreensão é complementar à explicação; esta utiliza os métodos adequados para conhecer os objetos enquanto objetos, e tende sempre a desumanizar o conhecimento dos comportamentos sociais e políticos; a compreensão permite conhecer o sujeito enquanto sujeito e tende sempre a reumanizar o conhecimento político. Acrescentemos a isso que a compreensão é necessária a tudo aquilo que possa tornar as relações humanas menos imbecis e ignóbeis.

4. *A ética da magnanimidade*

Contra a ética atroz da vingança e a ética impiedosa da punição, o que importa é tornar exemplar a ética da magnanimidade. Esta última, ilustrada em tempos passados pelos atos soberanos de clemência, como o de Augusto por Cinna, foi ilustrada em tempos recentes por Vaclav Havel que, quando eleito presidente, afirmou para seus delatores: "Desde o momento em que me tornei presidente forneceram-me a lista de colegas que haviam me denunciado, mas eu a perdi logo depois do meio dia". Clemência também foi demonstrada por Nelson Mandela para com os sul-africanos brancos que cometeram ou aprovaram a ignomínia moral do *apartheid*. O retorno da barbárie encontra-se claramente evidenciado pela renovação do ciclo infernal do ódio impiedoso, que transforma em inimigos todos aqueles que fazem parte de uma mesma etnia, religião, classe, nacionalidade, mantendo ativo o ciclo terrorismo/tortura. O único meio capaz de tentar quebrar esse ciclo infernal é a irrupção da magnanimidade, da clemência, da generosidade, da nobreza.

5. *A incitação às boas vontades*

Não existe mais nenhuma classe social privilegiada que seja capaz de cumprir uma missão histórica, assim como nenhuma elite que seja portadora de um saber verídico. Ao contrário, nossas elites filosóficas, universitárias, científicas, técnicas não dispõem de uma cultura que lhes permita religar os conhecimentos e enfrentar a incerteza, mas sim de um saber abstrato, parcelar e mutilante. Por tudo isso é que atualmente não podemos confiar na educação, pois antes de mais nada seria necessário educar os educadores, para que estes pudessem esclarecer os alunos. Por tudo isso, temos que voltar a apelar às boas vontades de todos, a solicitar que se associem entre si para salvar a humanidade do desastre. As boas vontades advirão de todos os horizontes e nelas estarão incluídos os inquietos, os bastardos, os órfãos, os generosos ...

6. *A ética da resistência*

A resistência, que constitui a primeira ou a última das éticas para estes tempos de trevas, foi a única resposta possível ao nazismo e ao estalinismo triunfantes, e talvez constitua a única resposta que possa vir a ser dada de imediato à barbárie que se amplia, mesmo no interior de nossa civilização.

O progresso, ética e politicamente indispensável, não constitui mais uma necessidade histórica; pior que isso, é a regressão bárbara que parece cada vez mais provável. Quanto retrocesso em apenas algumas décadas! Nossa ética da religação, que todos nós pensávamos que fosse se transformar na vanguarda de um movimento histórico planetário, não é e, talvez, não será nada mais do que um pequeno instrumento de resistência contra a barbárie...

Mas, de qualquer modo, a resistência às barbáries triunfantes sempre elabora um fermento, um germe para o futuro – quando ainda há um futuro.

Em conclusão, a ética não pode reduzir-se ao político, do mesmo modo que o político não pode se reduzir à ética. Não podemos opor esses dois termos de modo absoluto e nem complementarizá-los harmoniosamente. Estamos condenados à sua dialógica, ou melhor, a manter simultaneamente seu laço indissociável e seu antagonismo irredutível. Somente esta dialógica poderá fazer da política, essa arte da incerteza, uma grande arte que seja posta a serviço do ser humano.

Tradução do Prof. *Edgard de Assis Carvalho*

Nota:

1. Este texto integra o ensaio "Da incerteza democrática à ética política", incluído no livro *Une politique de civilisation*, de Edgar Morin & Sami Nair, Paris, Ed. Arléa, 1997, pp. 157-185. O excerto traduzido encontra-se nas pp. 181-185, e o direito de tradução foi gentilmente cedido pelos autores.

Obras desta editora

Romano Guardini	A aceitação de si mesmo e As idades da vida
Humberto Maturana *Francisco J. Varela*	A árvore do conhecimento - as bases biológicas da compreensão humana
Heinrich Zimmer	A conquista psicológica do mal
Nagarjuna	A grinalda preciosa
Beto Hoisel	Anais de um simpósio imaginário
Mahatma Gandhi	A roca e o calmo pensar
Joseph Campbell	As máscaras de Deus Mitologia primitiva - vol. 1 Mitologia oriental - vol. 2
Humberto Mariotti	As paixões do Ego
Mahatma Gandhi	Autobiografia - Minha vida e minhas experiências com a verdade
Maura Baiocchi	Butoh, dança veredas d'alma
Nagarjuna	Carta a um amigo
Thich Nhat Hanh	Cultivando a mente de amor
Trad.: *Nissim Cohen*	Dhammapada - a senda da virtude
Heinrich Zimmer	Filosofias da Índia
Ignacio da Silva Telles	Forjadores espirituais da história
Shunryu Suzuki	Mente zen, mente de principiante
Tenzin Gyatso, XIV Dalai Lama	Minha terra e meu povo
Heinrich Zimmer	Mitos e símbolos na arte e civilização da Índia
Jacob Needleman	O coração da filosofia
Sogyal Rinpoche	O livro tibetano do viver e do morrer
Joseph Campbell e *Bill Moyers*	O poder do mito
Denise Gimenez Ramos *et al*	Os animais e a psique – do simbolismo à consciência
Patrício Sciadini, OCD	San Juan de la Cruz, o poeta de Deus
Morgana Masetti	Soluções de palhaços: Transformações na realidade hospitalar
Ubiratan D'Ambrosio	Transdisciplinaridade
Olgária Matos	Vestígios - Escritos de filosofia e crítica social
Mircea Eliade	Yoga - Imortalidade e liberdade
Publicação de ensaios:	
autores diversos	THOT
Co-edição - Palas Athena / EDUSP:	
Henrique Murachco	Diálogo dos mortos, Luciano

GRÁFICA PAYM
Tel. (11) 4392-3344
paym@terra.com.br